# Inhalt

| | Seite |
|---|---|



*XV. Zeichnung: Sonja Knyssok, Bad Breisig*

Herstellung und Verlag: BoD – Books on Demand, Norderstedt
ISBN: 9783755701576

**I. Zuvor:** *Es ist im Kleinen wie im Großen*
Dieser Text ist im Nachklang meiner ehrenamtlichen Tätigkeit für das Sozialprojekt :Kerit in Bad Neuenahr-Ahrweiler entstanden. In diesem Projekt der realisierten Sozialraumorientierung wurde und wird durch Betroffene selbst unter zurückhaltender Anleitung von Pädagogen und finanziert durch die Evangelische Kirchengemeinde Bad Neuenahr und der Deutschen Fernsehlotterie Hilfe zur Selbsthilfe geleistet.

Mit wertbasierten Leitbild wurde und wird Menschen ein Mitmachen und ein Ort zum Verweilen geboten: Ein Ort zum **DaSein**. Mittagstisch , Kaffee und Kuchen, Gespräch und immer ein offenes Ohr für Probleme, mit Sozialberatung und umfassender Hilfestellung bei Wohnungssuche und Umzug, bei privaten Problemen sozialer Art und mit finanzieller Unterstützung.

Es war und ist ein Ort zum Dasein, wo sich der Clochard und der Rechtanwalt, der Pfarrer und der Alkoholiker – in geselliger Runde niederschwellig - ich kann sagen gegenseitiger Unterstützung, die Lebenswelt des Gegenübers kennen lernen und sich um das seelische und körperliche Wohlbefindes des Anderern kümmern, fundierte juristische und psychologische Beratung inklusive.

Warum ich dies hier einleitend schreibe, bei einem Text über Sittlichkeit und politischer Verantwortung? Darum, weil sich reale Politik gerade auch im öffentlichen Raum dort abspielt, wo Menschen unterschiedlichster Herkunft, Prägunge, Geschichte und Vorstellungen zusammen trefffe – nicht auf einer Schow-Bühne. Weil im alltäglichen Miteinander in Diskussion und Disput - und mit dem Ohr am Nabel des "Volkes", das genauso bunt und heute durchmischt ist, wie das Publikum im :Kerit, sich politisches Leben durch Kommunikation und Interaktion ergibt und gestaltet wird: Es ist im Kleinen wie im Großen, der Politische Wille ensteht dort, wo die Menschen sind und leben

Ich danke hierbei insbesondere Frau Marion Eisler vom Diakonischen Werk Bad Neuenahr, der Initiatorin des Projektes die kurz vor ihrem Ruhestand mir insbesondere den Blick vieler hin auf die sozialen Verwerfungen selbst in einer vermeintlich reichen Stadt wie Bad Neuenahr-Ahrweiler gelenkt hat und besonders- und allen ehrenamtlichen Mitarbeitern für die anregenden Gespräche – sowie so machen abgerissenen Hilfesuchenden, für die Möglichkeit – einen Aspekt in die Historie seines Lebens zu werfen. Was sich offenbarte: Armut ist meist nicht selbstverschuldet und kein unabwendbares Schicksal, sondern oft Unglück, "Zufall" und Umstand oder eben Tragik.

Es muss von den Verantwortlichen in der "großen" Politik Für- und Vorsorge bis auf die Individualebene betrieben werden, um soziale Härten abzufedern. Rahmenbedingungen müssen geschaffen werden, welche die Leistungsfähigkeit der caritativen Organisationen wie Caritas oder Diakonie, Arbeiterwohlfahrt..., um nur einige zu nennen - die katholischen wie protestantischen Kirchengemeinden, die ehrenamtlichen Mitarbeiter und Helfer, unterstützt. Was mich sehr berührt, ist die immer wieder spontane Bereitschaft der Bürger der Stadt und des Umlandes, die ohne Profilneurose oder Eigennutz immer wieder Hilfe zur Selbsthilfe leisten. Es ist das entscheidende bürgerliche Engagement in Krise und im Brennpunkt, dass diesen Staat trägt.

Seelsorge, psychologische und soziale Fachberatung, medizinische Hilfe bei gesundheitlichen Problemen der Armen u.s.w., müssen aber auch von Bundesebene her ergänzt werden, weil der Staat auf kommunaler Ebene als Akteur über die Funktion des Arbeits- Sozial- und Gesundheitsamtes hinaus aktiv werden muss, damit Integration und Inklusion gut gelingen kann. Gemeint ist auch die Integration von Mitbürgern ausländischer Herkunft. Dies alles auf die Menschen im Land abzuwälzen führt schon mittelfristig zur Überlastung auch hauptamtlicher Mitarbeiter – und leicht Zweifel und Resignation.

Aber genau da, wo der Schuh drückt, im Vorfeld der Sozialen Arbeit, bei Kinderarmut, Bildung, Teilhabe, Inklusion und Früherziehung – bedarf es ein nachhaltiges staatliches Engagement, damit soziale Brennpunkte erst gar nicht entstehen und bürgerliche Selbsthilfe Anerkennung finden. Dies bedeutet durchaus auch angemessene Bezahlung gerade der Berufe von Pflege und Fürsorge.

Zudem ist der Text geschrieben vor den Hintergrund der Krisen der letzten Jahre, die soziale Verwerfungen oft verschlimmerten.
 Die Finanzkrise der Jahre 2008 bis 2011 – die Flüchtlingskrise 2014-2017, Die Corona-Krise seit 2019 – und schließlich die Klimakrise seit langem, die aber gerade jetzt deutlich wird – und hier im Ahrtal katastrophal durchschlug, offenbarten gesellschaftliche Diskrepanzen – zwischen Wunsch des Zusammenhaltes und wirklichem Erleben.

Was an technischer und materieller Hilfe und sowie anpackender Tatkraft durch Helfer und Hilfsorganisationen und Bundeswehr und auch Hilfswerken, DRK und Feuerwehren, Polizei und zivilen

Oraganisationen hier im Ahrtal an Unterstützung geleistet wurde und hoffentlich noch lweiter geleistet wird, ist außerordentlich bemerkenswert und hat die Menschen einander näher gebracht.

Es wird und wurde aber deutlich, das Pläne nicht funktionieren, wenn die Betroffenen, die Bürger – nicht informiert und beteiligt sind – und politische Mandatsträger vom grünen Tisch her entscheiden. Angela Merkel und die Ministerpräsidenten von Rheinland-Pfalz waren vor Ort – und ließen sich vom Bürgermeister Guido Orthen zu den Orten führen. Das war nich Bühen, zumindest nicht nur – sondern sollte auch bei den Verantwortlichen im fernen Mainz, Düsseldorf und Berlin eine Betroffenheit auslösen, die grundsätzlich ist. Armut und Klimawandel sind keine Schicksalereignisse, sondern von den Menschen, ja aber von jedem einzelnen trotz seiner/ihrer Abhänigkeiten beeinflussbare Krisen. Der eine handelt, der andere ignoriert.

Die Kanzlerin dieser Jahre der Krisen war Angela Merkel. Wie sie den Anforderungen der Situtation/en Rechnung getragen hat, möchte ich an Schluss bewerten – vor dem Hintergrund der Ansprüche an die Politik und die PolitikerInnen, die das Heft des Handelns ja so gerne in der Hand halten. Aber ich darf doch vorwegnehmen:

Sie hat das Schiff Deutschland sicher, mit einem menschlichen Antlitz und ruhiger Hand durch schwieriges Fahrwasser gebracht. Mögen folgenden KanzlerInnen sich an Art und Weise, an ethischer Fundierung und dieser weitgehend skandalfreien Ägide Merkel doch orientieren. Politik wird durch Persönlichkeit bestimmt und wirkt auf das Umfeld, auf schlussendlich die Menschen in ihrer Umgebung.

## II. Standpunkt

Es mag berufenere und weit aus kompetentere Autoren geben, als einen Politologen, dessen wissenschaftliche Karriere sich hin zu Journalismus entwickelte, um sich über Sitte und Tugend zu äußern. Aber durch die Beobachtung des Politischen seit den 1970er Jahren ist es vor allem erlebte Geschichte, die mich drängt, Fragen an die Politiker hinsichtlich ihren moralischen und sittlichen Fundierung zu stellen und den Versuch zu unternehmen, grundsätzliche Antworten zu finden.

Als christlich und sozial(1) erzogener Mensch, katholisch und gläubig(2), ist mir auch durch meine Eltern und unsere Familien, mit durchaus anderen Bekenntnissen, die Grundlagen religiösen Lebens vertraut geworden: Sowohl im Protestantischen und im Jüdischen.

Was allen Religionsgemeinschaften gemeinsam: – ist die transzendentale Orientierung und das Gebet zu einem höheren Wesen: Einem Geist, der im Guten unterweist, geschrieben (gelesen) oder auch eingegeben, im wahren Wortsinn: Inspiriert: Bei allem ist das Leben als solchen das höchste Gut, dass durch und im Tode kein Ende findet und der Schutz des Lebens das Gebot, das zum Guten führt, sowie Liebe der Weg dorthin. Dies mag allen Weltreligionen gemeinsam:

**Als Gut kann also universell gelten, was dem Leben als zuträglich bezeichnet werden kann,** umfassend.

Zuträglich bedeutet in diesem Sinne fördernd. Gemeint ist damit das menschliche Leben – wie das Leben schlechthin, das animalische, das florale wie auch die Kenntnis um das tatsächlich oder augenscheinlich

Böse – in der Fauna, wo es um das Fressen und gefressen werden geht.

Das *nicht Gute* hingegen ist nur dem Dienst an der Vernichtung verpflichtet, eben gegen das Leben gerichtet. Nicht der Tod, wohl aber das zerstörende und zerfressende Nichts – an dessen Ende weder Leben noch Tod, nicht Lebendigkeit (Vividus) – noch Substantia – sondern eben eine absolute, dunkle Leere steht.

Nicht das bekannte "Schwarze Loch" in dessen Kern noch Materie existiert, sondern eben ein umgreifendes Garnichts ist Ergebnis des Bestrebens der Vernichtung: Das gelte als **schlecht.**

Selbst der Gegenspieler des Lebens ist in seiner Aufgabe und Funktion im Dienst der Schöpfung – im Werden und Vergehen, denn die christliche Hölle oder das Fegefeuer sind als Raum der Buße und der Weile kein Ende – auch nicht der Hoffnung. Was böse ist mag nicht unbedingt schlecht sein, dient der Schöpfung durch Vergehen, wie der Tod, es ist auch dem Menschen zugehörig, wenn es auch nicht ohne Weiteres verständlich. Darum hat der Mensch das gute Beispiel.

Der Weg nun zum Guten ist durch Jesu beschritten und beschrieben: Die Liebe als höchstes der Gebote, wie der Messias den Schriftgelehrten antwortet, als sie ihn austricksen wollten – und die Differenz des Materiellen, irdischen, menschlichen zu nivilieren suchten – als sie ihn auf die Probe stellten: Die Münze auf die der Kaiser *geprägt* ist, ist die des Kaisers, der dem Menschlichen oft Allzumenschlichen verhaftet sein mag. Gott gebe der Mensch aber das, was Gottes ist: Liebe.

Gott, oder historisch kritisch, der Mensch – hat sich Regeln und Gebote gegeben. Der Dekalog(3) , Tugenden schon in der Antike überliefert(4) durch die Lehren Sokrates´ ‚Aristoteles´ und Platons – sind Leitfäden menschlichen Zusammenseins und Vergesellschaftens. Die Ordnung der Welt aber wird durch den Menschen bestimmt, der sich die Welt Untertan gemacht hat, in Gottes Auftrag nach seinen Möglichkeiten. Diese Ordnung, die immer noch und weithin animalischer Natur ist, in der die Menschheit ein Teil ist – dieses System, wird auch und vor allem theoretisch betrachtet. Eben auch durch Staatsentwürfe oder Herrschaftsmodelle des Menschen nach den Geboten Gottes oder doch nur aus reinem Machtkalkül. Oft ist es nicht mehr göttliche Inspitration, sondern Herrschaftstechnik, nicht mehr Religion - sondern Ideologie, ein Sammelsurium an Ideologemen.

Die menschliche Geschichte mit ihrer Perversion in Kriegen oder durch Häuptlinge, die Menschenopfer fordern oder auch Verknechtungen an Seele und Geist – sind hier Beispiele, dokumentieren eindrucksvoll was ich meine: Der Mensch ist materiell gebunden, selbst wenn er sich spirituell orientieren kann oder will - und sich Recht und Gesetz gibt. Es bleibt das Animalische ein Teil seiner Natur.

Auch so manche Religionen missachten die Würde und das Recht(5) des Menschen und der Kreatur, was sich aus dem Liebesgebot an alles Lebende richtet. Besonders pervers ist die Herabwürdigung der menschlichen Existenz in ihrer Natürlichkeit. Keinem kann das Leben in Liebe verboten werden. Keiner darf aufgrund seiner Erscheinung oder seines Handicaps benachteiligen werden. Doch ist Liebe nicht Verliebheit, sondern Lebenshaltung – nicht nur

Neigung aber Überzeugung in Gedanken und Tat, planvoll - nicht Affektion. Und wer Macht will muß Liebe leben.

Liebe ist Verantwortung. Und diese selbstverständliche Verantwortlichkeit liegt im ganz Besondern heute in der Politik, als die Regelung der Angelegenheiten der Menschen untereinander und des Öffentlichen – aber auch, was zunehmend offensichtlich wurde, im Erhalt der Schöpfung, was nach meiner Auffassung ein Gottesdienst ist und Dienst an der Menscheit ist.(6).
Darum möchte ich an dieser Stelle schon das bezeichnen, was ich als vordererst wichtig halte, um die Verantwortung der Politik zu reklamieren, wenn es um "Gutes Leben"(7) geht:


### III. Vorzügliches(8)
An aller erster Stelle ist ja eben die Kümmernis um den Nächsten zu nennen, die aus der *Liebe* entspringt. Mit Liebe und rechtverstanden – hieraus, ergeben sich viele Probleme in der Tat nicht, denn in Verbindung mit dem Lebensgebot – nicht nur zu Sein, sondern **Da** zu sein – lösen sich eine Menge der Probleme der Politik auf, die sich aus den "bösen" Neigungen des Menschlichen ergeben – die als Sünden schon formuliert wurden.
**Da**sein meint in hier Präsenz in Gedanken, Worten und Werken, ein Zustand des Bewussteins, das die emotionelle Aufwallung zu beherrschen im Stande ist – und einen Menschen, der weiß - was er warum und wie er gerade fühlt, damit er weiß was er warum denkt und weiß - was er tut – und was er besser lassen sollte. Ich muss zugeben, das dies mir selbst sehr schwer fällt – und es ist ein hoher Anspruch an das Selbst. Das Hier und Jetzt zu sein und zu leben bedarf

eines moralischen Fundamentes und stetigem sich selbst befragen! Es ergibt sich von alleine, aus dem Lebensschutzprinzip, kein Wesen, kein Mensch und auch kein Tier über die Maßen zum Tode zu quälen, ein Leben ohne Grund, sei es ob der eigenen Ernährung oder aus Lust – zu nehmen – aber auch hierbei – im Sinne der Schöpfung, wohl kaum einem hochentwickelten Tieren das Leben zu nehmen. Der Verzehr von Pflanzen ist bei gleichen Nährwert eindeutig dem von Fleisch vorzuziehen und Mordlust ist Pervertierung des Seins,- man denke aber an die Menschheitsgeschichte, in der die Jagd das Überleben sicherte.

Diese Überlebensstrategie scheint heute wohl eher anarchisch. Die Strafe für den Mensch wegen solch mörderischen tuens kann nichtaber selbst nicht der Tod sein, wenn er überkommend, das Leben drückt - als Urteil willkürlich ohne Recht und Gerechtigkeit gesprochen wird, seine Würde in Frage stellt oder seine Kreatürlichkeit verstümmelt. Es sei denn – ja: Es geschieht zum Schutze des Lebens an sich, in Aspektierung der Liebe. Die Sanktion wirkt schon als Drohung bei den Uneinsichtigen. Einsicht erwirkt aber das Beispiel – nicht der Dozent.

Gerecht also kann ein Urteil nur sein, wenn es moralisch fundiert auf universellem Recht basiert, das seine Operationalisierung in einem Gesetz gefunden hat und der menschlichen Kondition,- seiner Natur - also auch der individuellen Bedingungen der Person, seiner Genese, Rechnung trägt; Dies aber in Abwägung des Schadens für das Opfer und für die Gesamtheit – also der Gesellschaft.

Ein Urteil kann zum Schutze einer gerechten oder auch heiligen Sache gesprochen sein und exekutiert werden. Nun – was ist heilig: Das Leben, die Liebe – und entsprechend – das in diesem Sinne existierende Gemeinwesen: Ein humanes Ideal!

Auch wenn der Mensch das eigene Leben in realiter, dass der eigenen Familie, und des eigenen Gemeinwesens höher schätzen mag, ist selbst seine Verteidigungshandlung dem Recht, dem der Völker und im Kriege unterworfen.

Neben dem Schutz des Lebens ist der Schutz der Wahrheit absolut. Nicht zu Lügen ist ein Prinzip, im Kleinen wie in der großen Politik, was viele Ungereimtheiten und Konflikte vermeiden hilft.

Oft ist dies von machen politischen Führern leider aber gar nicht (garnicht) beabsichtigt: Mit der Begründung der Pragmatik. Giftmischerei ist dazu ein Beispiel in Materia wie in Spiritus.

Auch das zu Schätzen, was den Einen ausmacht und eigen ist und dies zu respektieren – scheint mir wesentlich für einen angemessenen Umgang miteinander. Zu geben ist seliger als zu nehmen – und erfreut das Herze mindestens ebenso. Die Annahme der Person als solche ist das Geben der Liebe, seine Eigenart zu akzeptieren und nicht zu vergewaltigen; ein Akt, die Vielfalt des Daseins zu bewahren – also nicht einfach nur zu nehmen oder zu stehlen.

Darum ist der Diebstahl an Wort, Tat und Ding – ein Schritt in eine Abwärtsspirale menschlicher Unzulänglichkeiten, wie die Lüge oder Verleumdung. Täuschen ist grundsätzlich falsch – die Natur hat mit der Mimikry daraus eine Überlebensstrategie gemacht. Verzeihlich. Aber der machtstrebende Mensch macht schon aus Tarnung eine grundsätzliche, verwerfliche Technik.

Es versteht sich von Selbst, das die zweckdienlichen Mittel - ich meine auch Mittelchen der Bewusstseinstrübung, der Täuschung – kein Mittel der

Politik im Kleinen wie im Großen sein dürfen, wenn sie dem schlechten Ziele auch nur mittelbar dienen. Nicht das "Soma" entscheide - sondern das Argument, die **gute** Absicht und die gute Tat.

Es kommt keinem Menschen zu Gute, ein ausschweifendes Leben zu führen.Er wird dafür Rechenschaft geben müssen, vor sich selbst ...und vor seinen Nächsten. Dies gilt in Besonderem Maße bei Politikern. Wer schändlich handelt - schadet seinem Nächsten, der Gesellschaft, sich selbst - und Medienschaffende sind insbesondere bei Menschen des öffentlichen Lebens – und dies sind Politiker – und warum ich keiner bin - sehr interessiert an Skandalen, seien sie konstruiert oder real – oft ist es eben die bekannte Mücke, das Gerücht oder die Verleumdung die schaden will – und sich potenziert.
Es mag schwer sein, dass rechte Maß zu halten – dennoch ist es erforderlich in keinen Dingen – gerade, wenn es um öffentliche Angelegenheit geht – zu übertreiben.

Der politische Akteur - und da ist der Medienschaffende mit gemeint – ist angehalten, sachgerecht und faktengetreu zu handeln und zu berichten. Was aber sachgerecht ist, entscheidet nicht die Meute, nicht die Geilheit nach Sensation – sondern das Recht, was sich aus der Moral ergibt – und diese fußt nun einmal auf dem Dekalog und der Einsicht, das die Sache dem Leben zuträglich bleibe und dem Leben durch tätige Liebe zukomme. Wer liebt sündigt primär nicht, es sei denn seine Liebe ist unreflektierte Affektion oder triebgesteuerte Unmoral.

Zu denken aber, ich liebe – aber keinen Höchsten, verkennt den Sinn des Ganzen: Gott ist Liebe, wie es Benedikt XVI. schrieb. **Deus caritas est!** Den Herren, seinen Gott zu lieben ist ein Gebot, dass die Schöpfung bewahrt und Recht ermöglicht.

Was nun aber Gerechtigkeit ist, muss nicht immer gerade geltendes Recht und Gesetz sein – aber es muss billig bleiben: Das meint universell. Liebe und Lebensschutz ist universelles Recht und gilt für jeden, für alle gleich – überzeitlich.
Dies bedeutet das Recht dem Gerechten vor dem Herren genauso wie die gerechte Handlung jedem gleich zukomme, sei er Knecht oder Fürst - und dies vor allem vor Gott, als meinetwegen auch imaginären Instanz.

Gottesrecht – wie der Gottesentscheid, mag nicht immer verständlich sein. Aber doch billig. Der Mensch zieht Strafe auf sich, wenn er gegen das Recht handelt – aber vor allem wenn er Handlung gegen die Prinzipien des Lebens und der Liebe tut. Das ist in der Natur, d.h. der Schöpfung - so angelegt. Es mag Gottes Wille sein.
Eine Strafe ist sicherlich der Tod – und dieser kann durchaus schleichend kommen, manchmal aber auch durch eine scharfe Klinge unwillkürlich und unverhofft. Wer also gegen die Natur und ihre Gesetze handelt, wird die Konsequenz seine Handlungen tragen müssen. Er handelt gegen Gott und seine Gebote, gerade auch der Mörder.
**Dennoch ist der Mensch frei. Frei in seinen Handlungen – und Gott hat es offensichtlich so gewollt und der Mensch ist oft nur unwillkürliches Werkzeug dessen.**

Gebote sind Richtlinien. Regeln, die der Mensch befolgen kann oder nicht. Diese Regeln dienen dem menschlichen Wohlergehen. Wer zuwider handelt, tut dies schlussendlich nicht gegen Gott oder Staat im

Aufbegehren, sondern schadet sich selbst, aufgrund seine materiellen und spirituellen Gebundenheit, insofern Recht und Gesetz gut sind.Der Mensch muss seine materielle Gebundenheit akzeptieren, damit er leben kann. Er muss sich aber vor allem seinen Handlungen bewusst sein und wenn nicht, dann werden, damit er wohl leben kann und mit sich und der Schöpfung in Einklang lebt.

Dies will infrage gestellt sein:
Mag einer sagen, er sei nicht stofflich und geistig bedingt. Mag sein, dann ist er aber kein Mensch, sondern ein Mischwesen: Ein guter Geist: Engel – oder ein böser, gar schlechter Dämon.

Ein Mensch ist nun einmal evolutionär bedingt und hat neben seinem Körper – auch Seele – als Triebkraft – und Geist, als Verstand und Vernunft. Wer mag behaupten, dass dies nicht so sei?

Das wäre so, dass ein Mensch sich so vergeistigt, dass er nicht mehr seines Körpers bedarf, dass er seine Psyche absolut beherrsche und das sein Verstand so exzellent sei, dass er keiner Lehre bedürfe, - von Geburt an? Ist dieser dann noch Mensch? Er sei selbst die Krone alles dessen, was die Schöpfung sei. In der Schöpfung aber offenbart sich Gottes Wesen – nicht das der Bedingung – sondern das der Freiheit – mit alles Konsequenz.

Der Ausbruch aus der selbst verschuldeten Unmündigkeit ist eben die Erkenntnis der naturmäßigen Gesetzmäßigkeit, in der sich Gott in der Schöpfung offenbart. Und der Mensch ist nun einmal von Geburt an Mensch, mit Schwächen und Stärken, die in ihm angelegt sind – durch die Geschichte der Menschwerdung – von Anbeginn – durch den Willen

Gottes, der die Menschheit entstehen ließ – mag sein aus dem Affen, der in uns fortlebt. Gerecht ist nun einmal das, was sich aus der Natur ergibt - mit der Einschränkung der humanen Sichtweise, die sich aus der Menschwerdung ergibt: Dies bedeutet nicht weniger - als die Notwendigkeit der Beherrschung des Animalischen aus dem Blickwinkel des Menschlichen. Was das ist: Ja – was dem Leben zuträglich ist, die Erkenntnis das göttlichen in jedem Dasein – auch in der eigenen Existenz. In diesem Sinne ist das Menschliche göttlich in all seiner Form.

Ein Wesen hat also Würde, - und Verachtung qualifiziert es ab. Ob Mensch oder Tier. Mittel ist die Liebe – als facettenreiche Erkenntnis Gottes in der Schöpfung. Was gut ist, muss getan werden, sonst bleibt es bloße Idee, Theorie: Ernährung, Bildung, Beschäftigung, auch Selbstverwirklichung im Sinne der Freiheit..., die nicht schadet und Orientierung auf Schöngeistiges, worunter das Religiöse als philosophische Disziplin subsumiert werden kann, sind Konditionen und Möglichkeiten des Menschen. Die gute Idee an sich hat noch nichts getan, sie muss mindestens gesprochen sein.

Also: **Es gibt nicht Gutes, außer man tut es** – rechtens und billigend.
In diesem Sinne ist Gott gut: Denn er lässt leben – und die Liebe ist Mittel zum Zwecke des seeligen Daseins des Menschenkindes, dass bedingt ist! Insofern ist der Mensch nur frei, wenn er sich seine Bedingtheit bewusst ist – und sie eben vor dem Handeln bedenkt – sonst ist es Affekt oder nur Trieb – nicht Antrieb sondern Gelüste.

Es ist für den Mensch klar, dass er sich seines Verstandes zum guten Leben befleißigen muss. Wer frei sein will, muss Verstand haben und ihn benutzen. Das ist ein Leben in Geschicklichkeit um gut zu sein und gutes zu wirken, eben Technik und Wissen vernunftgemäß einsetzen, wem Intelligenz gegeben – aus Verantwortung in Demut.

Dabei handele er nicht wie der platonische Mensch, der die nur Welt in Schatten zu erkennen glaubt. Er handele darüber hinaus, wie jener, dem die Einsicht in die eigene Bedingtheit bewusst ist, der um seine Schwächen weiß, die sich aus dem Menschsein ergeben. Nur so kann er klug werden, und die wissenschaftliche Erkenntnis als das Maß seiner Weltsicht annehmen.
Was ist aber cetreris paribus?: Nur ein Aspekt des Göttlichen – keine Wahrheit an sich – sondern ein Kleinteil mit Anspruch auf Allgemeingültigkeit.

Denn die abstrahierende Isolierung ist nicht mehr als der facettierte Blick auf die allumfassenden Schöpfung, schließlich nur ein Aspekt Gottes – den der Mensch aber darin zu erkennen vermag, ist er nicht hoffartig (Superbia).
Es ist wohl, dass sein menschliches Erkennen, sein Urteil über die Welt bestimmt. Derjenige also, der aufgrund seines eingeschränkten Blickwinkels dennoch die Ganzheit ohne das Göttliche zu erkennen glaubt, fehlt. - so wie ich vielleicht. Derjenige aber der sich selbst gottlos absolut stellt – durch seinen Verstand, der ja beschränkt sein muss, fehlt grundsätzlich.

Es ist müßig zu beschreiben, dass sich gerade der Wissenschaftler, immer wieder selbst in Frage stellen muss, um seinen Blick zu schärfen. Das bedarf der Sorgfalt genauso wie die geduldige Wendung nach allen Seiten und den Zweifel an sich selbst, der zur rechten Klärung führen kann, dass sich der Mensch selbst zu erkennen vermag – und das was ihn ausmacht – und was nicht gut sein mag.

Dies mag die kardinalen Tugenden und Abgründe des Menschlichen kurz belichtet haben, die dem Politiker ebenso zukommen, wie einem Geistlichen, einem Philosoph oder: – wie die Medienschaffenden, die Geist zu erschaffen im Stande sind, durch Vorbild und Beispiel – aber eben auch zerstören können, durch Hetze, Verachtung und Dummheit.

Es bedarf durchaus auch der sekundären Tugenden, wie gerade angedeutet, um etwas zu erkennen: Sorgfalt, Fleiß, Selbstdisziplin, Pünktlichkeit, Höflichkeit, Sauberkeit...., um nur einige zu nennen.
Sorgfalt – bedeutet auch Umsicht, Fleiß und Detailversessenheit, bedeutet Wahrheitsliebe gerade auch im Kleinen.

Beständig hat der Mensch sich zu bemühen wohl zu denken und zu sprechen – um sich wohl zu fühlen – und um zum Wohlergehen bei zu tragen. Will sagen: Um die Schöpfung zu bewahren und das göttliche in ihr und sich selbst zu erkennen.
Es bedarf der beharrlichen Arbeit an der Sache, um die Ordnung der Dinge zu erkennen – weil sich hieraus Regeln und Gesetze ableiten lassen. Die aber wohl nur erkannt sind, weil sie ja schon da waren. Hierbei ist es notwendig sich zu disziplinieren, d.h. zu bedenken, was sich ergeben könnte, wenn man tut.
Dies sollte eher erkennend, hermeneutisch also induktiv geschehen – nicht deduktiv oder diktatorisch - wie vorher doch beabsichtigt durch eine unsichere Annahme, die man einfach umsetzen oder beweisen will. Es ist also die Pflicht eines jeden Wissenschaftlers oder Medienschaffenden seine Erkenntnis darauf zu

prüfen, was sie bewirke – beim Menschsein – und auf der Welt. Es ist in der Tat konservativ, das einmal für gut und richtig erkannte zu erhalten. Was dies nun sei – mag ich dem Denken Lesers gerne überlassen.

Was dem Leben zuträglich ist, mag publikabel sein. Es ist die Geißel des Verstandes, dass er durchaus zu Dingen in der Lage ist, die anderen und sich selbst schaden. Die reine Technik mag zwar Mögliches ergeben, aber es ist eben nicht alles Gut was möglich ist – und darf aus diesen Gründen aus nicht in die Tat umgesetzt werden. Deswegen meine ich:

**Die Offenbarung der "Wahrheit" ist dem Schutze des Lebens unterworfen. Dies ist das Gesetz der Liebenden. So mag als Sittlich gelten, was dem Leben wahrhaftig zuträglich aus Liebe getan wird.**


**IV. Fehlendes**
Es ist die Neigung des Menschen nach Anerkennung, die so manches Werkzeug zum Mittel des Unmenschlichen macht: Ruhmsucht oder Ehrgeiz, Geltungsdrang oder Selbstüberschätzung sind es oft, die schlechtes oder falsches Wissen verbreiten: Fake-News!: Nicht zuletzt Geld- und Machtgier. Die Propaganda stellt oft Annahmen auf, deduktiv, behauptet – beweist, oft nur scheinbar oder lügenhaft – und wiederholt – bis zum geistigen Erbrechen.
Die christlich-jüdische Tradition hat auf solche Sünden aufmerksam gemacht. Es ist so manches mal die Hochmütigkeit eines Politikers, dass er sich nicht wirklich um die Belange der Bürger kümmert, weil er ja intelligenter sei oder es besser wisse. Schließlich mag er nur unter dem Einfluss einer Lobby stehen oder nur an sein eigenes fortkommen (!) denken.

Es mögen auch die Begehrlichkeiten sein, das Streben nach Status oder Einfluss, die der Bürgernähe im Wege stehen. Aber auch sind es in unserem wirtschaftsliberalen System die neidhaften Begierden des Bürgers selbst, die das "Ganze" am Laufen halten – der Wille nicht zum Guten, sondern dazu zu profitieren, Gewinne zu maximieren. Dabei schadet der Mensch der Schöpfung und wird damit selbstschädlich.

Habgier wird durch Werbung initiiert. Werbung will das verkaufen, was man nicht braucht, um Dinge zu haben, die einen markieren (!) - wie Preise, um Wertigkeiten zu erhalten, die man anstelle seiner Würde setzt, um sich Ehre zubilligen zu lassen, die man mit Geldwert kauft, weil man den Nächsten beeindrucken will, sich von ihm absetzten möchte, weil man was Besseres sei, weil man sich über den Nächsten erheben will, ihn nicht mag, ob seiner Unterbemittelung gar verachtet.:

*In Lichte des Konsums – strebt der Mensch nicht nach Menschsein, sondern wird zum Marktteil (!) degeneriert, es wird der Mensch selbst ein Ding im Markt, dessen Wesenheit, das Materielle ist. Der Mensch wird durch den Mechanismus des Marktes reduziert auf seine Konditionen.*

Zudem ist der unbeherrschte Konsum, der durch Medien und Werbung angeregt wird, weil man Dinge zu niedrigen Preisen kauft, die man nicht braucht, auch deswegen wider Gott und der Schöpfung gerichtet, weil dadurch die Einen im Überfluss leben – die Anderen in Armut darben.

Der globale Verteilungskampf um Arbeitskraft und Rohstoff führt zur Völlerei einerseits – zu Hunger andererseits – und das nicht nur im Ausland – sondern auch hierzulande:

Die Armen werden ärmer, die Reichen reicher, (Social-Gap) – aber auch die um die Technik Wissenden - schlauer in diesem Sinne, die Armen bleiben unwissend (Knowledge-Gap).

Umso mehr erfordert Forschung, Entwicklung und Politik soziale Verantwortung – dies gilt insbesondere für die Technologieriesen der High-Tech-Branche, des Internets und im Digitalisierungswettbewerb, weil ja eben der Rohstoff der Zeit Daten sind, also das Wissen übereinander – an sich nichts schlechtes, wenn es gut angewandt ist.
Es dient aber oft der sich entwickelnde umfassenden ökonomischen Algorihtmus (Markt als Wesenheit) nicht Gutem an sich, sondern entwickelt sich zum Triebmechanismus der Entmenschlichung – der Verdinglichung.
Die Reduktion des Menschen zur Sache, seine Reduktion auf die Materie – auf seinen Körper, seine Bedingtheit, die Reduzierung seines Bewusstseins – führt schließlich zur Entfernung von seinem Ursprung, zu seiner Vernichtung als göttliches Wesenteil.
Die Verdinglichung, bei dem der Mensch affektiv mitmacht, schadet der Schöpfung, dem Mensch – und ist gegen die Liebe als Sinn des Daseins gerichtet.
Diesem Ziel dient die Sexualisierung in der Werbung und in den Medien genauso …die Vergegenständlichung der Liebe.
Sexualität ist nicht Sünde, wohl aber die Herabqualifizierung des Aktes zu erregenden, verkaufsfördernden Strategie ist falsch. Sex dient der Fortpflanzung und dem Lustgewinn – und gehört zum würdevollen menschlichen Leben dazu, durchaus in verschiedenen Praktiken und als Vorbereitungs- und

Bindungsmittel einer wie auch immer gearteten Partnerschaft. Schließlich ist Liebe in Achtsamkeit und Respekt Bindemittel der Familie.

Es kann aber nicht im Sinne der Schöpfung sein, das Kinder als Mittel der Lustbefriedigung dienen, das Frauen auf den „sex-appeal" reduziert sind und das der Akt brutal zur Schau gestellt wird: Das Sexualität gewalttätig und durch Macht bestimmt wird, ist pervers, unmenschlich.

Es mag sein, dass brutale Gewalt maskulinen Ursprung hat, denn der Manne penetriert nun einmal. Aber es kann nicht sein, dass diese Penetration geldmächtig durch Cliquen dominiert wird, zum perversen Lustgewinn durch pathologisches Machtstreben dient.

Hier spätestens wird die Lust zur Wollust, als Mittel der materiellen Mehrwertsteigerung. Sex sollte nicht verletzend behindern, weder Körper, nicht Seele - noch Geist, eine durchaus feminines Mittel der Gewalt. Es ist der Missbrauch des Menschlichen, unter welchem Vorzeichen auch immer – das Liebe zur Sache macht.

Politik, die hier nicht gegensteuert, macht sich schuldig an der Deformation der Gesellschaft im Sinne einer Verdinglichung menschlichen Lebens und Daseins. Will man das?

Die Gewaltanwendung ist ohnehin jenem vorbehalten, der Gutes will. Im besten Sinn dem „guten Staat", der ein Gewaltmonopol besitzt. Gut aber ist ein Staat, der Leben schützt.

Die Gewalt in den Händen des schlechterdings Gemeinen ist katastrophal, wie die Geschichte auch schon vor der französischen Revolution und im II. Weltkrieg beweist..

Die Massen, aufgewiegelt durch die Technik der Massenkommunikation in den Händen der Vulgarität, wurden toll und gerieten schon oft in die blutige Raserei. Dem begegnet man mit Kümmernis, um die

Seele, den Geist – ja auch um den gesunden Körper des Menschen.

Man begegnet dem Gemeinen, der einfache, schlichte Antworten und Regeln auf komplexe Fragen und Ereignisse bietet, mit Offenheit und Weitsicht, mit Sanftheit und Toleranz, mit Herz und Liebe.

Kümmernis darf aber kein Sozialaffekt sein. Nicht die Neigung eines Helfersyndroms, sondern die vernunftgesteuerte Nächstenliebe ist auch in der Politik angezeigt. Eine ordoliberale Politik mit Augenmaß, Versorgung mit dem Erforderlichen, Vermeidung von Hunger: Hierzulande und weltweit ist Ziel, bei einer wachsenden Weltbevölkerung schwierig.

Politik kann und braucht nicht Religion zu sein, ja darf es sogar nicht, denn dies ist Teil der spirituellen Freiheit des Menschen, die er leben und erleben darf und soll – sofern sie nicht anderen schadet.

Politik hat also auf dem Boden der Moral Rechnung dafür zu tragen, dass diese Grundlagen menschlichen Lebens erhalten bleiben: Global!:

Sei es durch den Schutz der persönlichen, menschlichen Rechte, durch Klimaschutz oder durch Rohstoffschonung, durch die Förderung von Entwicklungen menschlicher Talente, die nachhaltiges Wirtschaften ermöglichen oder durch Sorge für Benachteiligten und Randgruppen. Schließlich auch durch die entsprechende Entwicklung der Technik durch Wissenschaft, die im Dienste der Menschheit und der Schöpfung zu stehen hat!

Politik bedeutet immer auch Verantwortung für.... Dessen muss sich jeder bewusst sein, der im Politischen im Sinne eines Akteur aktiv werden will.

Karrieristen sind dort fehl am Platze und vermehren nur eine Selbst-Versorgungskaste, die Helfer von finanzstarken Cliquen sind, die nach Materiellem streben, selbst von Machtgelüsten getrieben.

## V. Zureichendes

Wie es bei den eben benannten Tugenden in der Wissenschaft und im Politischen darum geht, das Gute in die Tat umzusetzen – und Recht und Gerechtigkeit zu erlangen, geht es auch im Alltag des Bürgers um das Selbe – nämlich das Gute zu wollen, also das Leben zu schützen – im tätiger Liebe: Eine Primärtugend!

Dabei sind es auch bürgerliche Tugenden, die umgesetzt werden müssen – um Gutes zu erreichen. Dazu gehört, wie oben geschrieben, Fleiß und Sorgfalt ebenso – wie Selbstdisziplin und Selbstbeherrschung. Es ist nicht alles gut, was irgendwie machbar ist oder Spaß macht.

Sparsamkeit – also nur das zu gebrauchen, was für den Lebensunterhalt wirklich benötigt wird – und dafür Geld zu verwenden – ist einsichtig. Die Pflege des Selbst, der Umwelt und des Hauses und Hofes verstehen sich hier ja wie von selbst. Dabei ist es immanent sich selbst zu genügen, will sagen – Bescheiden zu sein im Auftreten und in Erscheinung - wie im Verbrauch. Natürlich will der Ökonom hier einwenden:... so funktioniert der Kapitalismus und die freie Marktwirtschaft nicht. Diese bedürfe der Verschwendung!? Nun – es mag der gewogene Leser angesichts globaler Krisen selbst bedenken, was da richtig sei.

Der Bürger eines Staates, der dem Recht unterworfen ist, was gut sein möge – hat aber genauso neben dem Recht die Pflichten gegenüber - nicht nur dem Nächsten – sondern gegenüber dem Gemeinwesen – und dem Staat. Damit ist nicht allein die Begleichung der Steuerschuld und angemessene Besteuerung auch der Reichen durch den Fiskus gemeint. Der Bürger hat die Pflicht zu Teilnahme an Gemeinwesen, sei es im Ehrenamt oder unmittelbar im Politischen. Der Staat hat die Aufgabe ihm diese Teilnahme zu ermöglichen. Nicht zuletzt hat der Bürger die Pflicht sich zu bilden und umsichtig zu informieren.

Teilnehmen muss der Bürger aber auch an den Krisen, einerseits hineingeworfen, andererseits will er dies durch helfendes Engagement. Er muss seine Stimme hörbar erheben, wenn es darum geht, auf Missstände aufmerksam zu machen. Er muss sich informieren – dies richtig, Fakten sehen und abwägen – und schließlich auch abstimmen – in Wahlen - und der Bürger sollte in Organisationen wie Interessenverbänden, Gewerkschaften oder Vereinen teilnehmen.

Hilfestellung und Teilnahme (Empathie) am Schicksal – gerade des Nächsten, der auch fern sein kann – macht eine humane Qualität aus, humane Qualitäten sind aber zu fördern und zu entwickeln.

Bildung ist dazu ein Mittel, eine humane Qualität – nicht zuletzt Herzensbildung. Liebe als menschliche Qualität in allen Facetten ist auch die Hingabe am Nächsten: Agapé als die göttliche, aufopfernde Liebe – die aber nicht allgemein erwartet werden darf. Dazu bedarf es der Berufung – nicht aber durch staatliche, ökonomische oder kirchliche Instanzen, denn dies führt leicht in eine Ausbeutung der Kümmerer. Eine Form des Missbrauch des Göttlichen.

Der Mensch als Bürger – ist so wie er gebildet wird und wie er sich selbst um Bildung bemüht...und auf diese Weise versteht er sich und die Welt.Diese Erkenntnis ist bitter – aber zutreffend, wie ich denke. Zu Bildung tragen hier nicht nur Schule und Universität bei, sondern Medien, wie TV oder Internet, auch Kirche, Freundeskreis oder Glaubensgemeinschaften – Werbung und zwischenmenschliche Interaktion – also das was ich mit meinem Partner, im Unternehmern, in Familie und Umfeld (Verein, Primärgruppe,...) erfahre: Sozialisation ist umfassender als Schule:

Binsenweisheit.Hier ist es Aufgabe des Staates zum Guten hin zu wirken, aber auch jedes Einzelnen sich um sich selbst zu kümmern.

Schließlich trägt der Mensch vor allem auch Verantwortung für sich selbst, was sich aus den Freiheitsdimensionen menschlichen Daseins ergibt. Er hat für die Bildung und Herausbildung seiner autonomen, freien Persönlichkeit seinen eignen Beitrag zu leisten.

Darum darf und soll sich der Mensch unterscheiden, darf eine Gesellschaft vielfältig different sein – und bunt - bedarf aber der Orientierung an Recht und sich hieraus ergebend am Gesetz, dass nicht willkürlich sein darf – sondern sich aus dem Willen zum Guten ergeben muss: *Aus dem Lebensgebot umgesetzter Liebe.*

Vielfalt statt Einfalt ist auch das Schlagwort hinsichtlich der Migration. Gerade unser Staat – Deutschland – und unsere Gesellschaft, die plural sein will – bedarf der Anregung und Aufregung, der Auseinandersetzung und Diskussion, der Dialektik und des Diskurses – sonst ist Demokratie in unserem Sinne nur eine Fassade für Kastenherrschaft.

Wer zu uns ins Land kommt ist Gast, ob Flüchtling oder Gastarbeiter. Er darf die Rechte des Staates und der Gesellschaft nutzen, ist aber den Pflichten genauso unterworfen – wie jeder deutschstämmige Bürger. Wer anderes will fungiert wie das Pferd von Troja – er höhlt mit der Zeit die Plurale Gesellschaft aus, und schadet der Demokratie, sei es eine konstituelle Monarchie, wie in Groß-Britannien.

Streiten um den richtigen Standpunkt muss erlaubt sein: Aber in ziviler Form, in humanen Maßstäben, ruhig und gelassen – nicht übereifrig, hysterisch oder fanatisch, nicht beleidigend oder diffamierend. Denn Hetze und Populismus motiviert Masse, die, wie oben geschrieben, rasend blutrünstig werden kann. Dann ist es besser von einem guten Potentaten regiert zu werden, als von einer fanatischen Menge(9), wie Denker der Antike formulieren.

Wir haben in Deutschland Erfahrung mit Parallelgesellschaften und totalitärer Herrschaft – die sich aus der Unzufriedenheit der Bürger mit staatlichem Organismus und staatlicher Organisation - wie auch markttypischen Fehlentwicklungen ergeben haben.

Es bilden sich Brennpunkte, die zu Kristallisationspunkten staatlichen Versagens werden – und die Keimzellen für Revolutionen beinhalten. Der soziale Brennpunkt aber, ist Aufgabe staatlicher Intervention - und Evolution ist allemal besser als Revolution.

**Humane Qualität ist also bildbar. Neben Teilhabe und Beteiligung gehören Umgang und Form zum Anstand, zum Respekt und zur Achtung der Menschenrechte im Kleinen wie im Großen.**

Diffamierung hingegen war schon oft Mittel der Okkupation. Die soziale Einbettung eines jeden als ein Teil der Gesellschaft – als Systemelement – ist staatliche Aufgabe, weil Isolation dumm macht, krank und aggressiv: Sie verstehen: *Erst kommt die Isolation, dann die Diffamierung und schließlich die Liquidierung: Geistig, seelisch und körperlich.*
Es ist erforderlich den guten Ton im Umgang zu bewahren, zwar ohne falsche Schmeichelei, aber doch mit diplomatischen Können: Sagen was wirklich Sache ist, ruhig und verstehend. Denn das ist Kommunikation und soziale Kompetenz: Den anderen verstehen wollen und zu Wort kommen zu lassen.

Es geht nicht darum, um Himmels willen Friede zu halten, aber die Friedfertigkeit ist eine Herausragende zu bildende menschliche Qualität – und wenn beiderseits darauf Wert gelegt wird, ist die Eskalation unwahrscheinlich – vorausgesetzt beide Seiten wollen wirklich zusammen kommen – und es steht keine individuelle (ererbte) Aversion dagegen, die es abzubauen gilt. Streit sollte kultiviert sein und werden. Verhandlungen sind mit gutem Willen leichter – und freundschaftlich gebundene Menschen erzielen besserer Ergebnisse in Verhandlungen, als die Diskussionen, Gespräche und Auseinandersetzungen mit den verabscheuungswürdigen Feind, dessen Meinung aufgund von Abneigung aus verworfen wird.

Beispiel sind da Tarifverhandlungen. Der eine fordert und der andere will nicht geben. Darum gibt es Schlichtung und Friedenspflichten. Der arbeitende Bürger bedarf der Gewerkschaft und des Tariflohnes, der Arbeitgeber nicht.

Unterschiedliche Ausgangspositionen sind in Verhandlungen ja stets üblich, da *Ansprüche* divergieren. Gewerkschaften sind nicht die Zusammenrottung von Arbeitsunwilligen und Unternehmen keine Abzocker, zumindest nicht, wenn sie mit Einigungswillen verhandeln wollen – und es nicht darum geht, jemanden über den Tisch zu ziehen.

Menschliche Neigung und Schwäche kann dies allerdings ändern. Darum muss hier der Staat die Möglichkeit der Intervention haben – zugunsten des Schwächeren. Bei Verhandlungen braucht man eben Geduld, Geschick – und manches mal einen Mediator.

*Bem.: Humor ist sicher eine menschliche Eigenschaft, die es erleichtert Luft aus dem Kessel zu lassen.*

Aber auch und vor allem ist Gelassenheit eine Grundeinstellung, um das Verständnis des Gegenübers und des Selbst zu erleichtern: Sich selbst soll man dann doch nicht allzu ernst und wichtig nehmen (Johannes XXIII.). Demuth steht jedem zu Gesicht und sich geduldig mit den Argumenten der Gegenseite zu beschäftigen ist wichtiger als sich mit Mitteln der Sozialtechnik ins rechte Licht setzen zu lassen, wie es in den Wahlkämpfen und in Werbespots ja häufig geschieht.

Der Mensch sollte also in allen Belangen dialogfähig sein – und in allen Schichten – zu jedem sprechen können, der des Wortes bedarf. Dies mag auf Augenhöhe einfach sein, gestaltet sich aber schwierig, wenn Status oder Bildung auseinanderfallen. Auch hier wieder treten Schemata, Vorurteile und Stereotype auch Eifersucht zu Tage – die eine offene Kommunikation erschweren.

Respekt ist eine Haltungsfrage. Das Für und Wider, was die Diskussion belebt, die These und Antithese, die eine dialektischen Auseinandersetzung ermöglicht – wie das Extrem, das klärt bis zur Synthese – so ist es im alltäglichen gerade die Differenz, die es zu überbrücken gilt und die Positionen klärt, die aber auch Individualität durch Abgrenzung ermöglicht. Konsenz darf die Eigenart bewahren.

Der Politiker muss die Sprache des Volkes sprechen, er muss zum Landstreicher gehen – und mit ihm sprechen, sich in die Tiefen der Slums einschleusen – und sehen, wie es ist, sich mit 4 Euro am Tag ernähren zu müssen. Er/Sie soll als Krankenpflege/schwester arbeiten und als Bauer/in ackern – ansonsten ist die soziale Distanz so groß, dass den ansonsten so redegewandten Rhetoriker die Worte fehlen.

Distanz zu Sache ist erforderlich – nicht zum Menschsein - und die optimale Nähe zum Bürger optimiert auch den Informationsaustausch, ist der Kommunikation und damit den gegenseitiges Verstehen dienlich.

Nähe meint nicht Enge, schon gar nicht Engstirnigkeit, Starrsinn – sondern Verstehen bedarf der geistigen Flexibilität, was zu Verständnis führen kann, für die anderer Position, die man nicht übernehmen muss. Die machtvolle Potenz eigenen Durchsetzungswillens, die Dominanz, ist dem Verstehen und der Akzeptanz gegenwirkend. Es geht hierbei nicht um Technik zu – sondern um das Begreifen der Sache.

Sich verstellen auf der Bühne ist technisches Schauspiel - dabei ist dies wie Lügen über sich selbst, über sein Können und Wollen im schlimmsten Falle. Wichtig ist, das man der ist, der man ist: Bleiben sie bei allem, wer sie sind: authentisch – und funktioniert das nicht?: -dann überlassen die "Rolle" lieber jemanden, der ehrlich sein will, suchen sie sich ein anderes Betätigungsfeld als Politik und hoffen auf bildende Erfahrung.

## VI. Eigenschaft und Charakter

Den Menschen zeichnen eben genannten Eigenschaften aus – und machen ihn dann vorzüglich. Der Politiker bedarf solcher Eigenschaft besonders. Wie Max Weber in seiner Rede zur "Politik als Beruf"(10) sagt – ist es vor allem auch Verantwortungsgefühl und Augenmaß, was ein Politiker haben sollte. Darüber hinaus Leidenschaft. Leidenschaft bedeutet eben aber auch die Fähigkeit der Erduldung, eine Leidensfähigkeit, die duldsam mit Vorwurf und Fehlern ist. Natürlich braucht der Politiker einen festen Charakter, das heißt er muss gefestigt seinen Standpunkt vertreten und seine politischen Ziele verfolgen, sie offen machen und kommunizieren. Politik braucht Transparenz und Entschlusskraft, weniger den unbedingten Willen zur Macht – als die

Freude an Gestaltung und am Gelingen. Die Festigkeit seiner Überzeugung bedeutet Treue und Loyalität – weniger zur Partei oder einer Person, wohl aber zu sich selbst und dem Prinzip, was die Einhaltung des Amtseides, Schaden vom deutschen Volke abzuwenden, beinhaltet.

Verantwortung muss er übernehmen wollen, ja es muss ihn drängen Verantwortung im Gemeinwesen zu übernehmen. Dies aber nicht aus dem Bewusstsein vorzüglicher zu sein, intelligenter oder kompetenter - als der Bürger, den er so vertreten müsse.

Nein: Er müsste aus der Einsicht heraus Verantwortung übernehmen wollen, weil es Probleme gibt, die ihn bewegen – ja – relevant für das gesamte Staatsvolk sind – und die der Lösung harren. Er muss sich dessen und sich selbst bewusst sein.

Der Politiker muss Patriot sein, sein Land – die Menschen die dort leben, lieben. Er muss einen Begriff von Heimat haben, ein Zuhause, um das er sich kümmern will, … das ihm am Herzen liegt. Er muss wie Vater oder Mutter sich um die Menschenkinder sorgen wollen, ohne ihnen – den Bürgern, Verantwortung für den Staat, die Gesellschaft und sich selbst abnehmen zu wollen.

Natürlich bedarf er deswegen Intelligenz, Kompetenz und den Willen und die Fähigkeit – sich in neue Themen schnell einzuarbeiten. Er braucht eine schnelle Auffassungsgabe, eine enorme Urteilskraft und Entscheidungsfreunde. Dabei erfordert der Beruf Gewandtheit, weltmännisch (müsste Godo sein ;-) ein wahres Wunschbild – bzw. Weltfraulichkeit haben, Eloquenz, rhetorische Fähigkeit, diplomatischen Durchsetzungsvermögen und Geschick in Menschenführung. Gerade in der internationalen Politik bedarf es Verlässlichkeit und Kontinuität - und den Respekt vor Andersartigkeit, ohne diese zwingend ändern zu wollen.

Er bedarf also Verhandlungsgeschick, wiederum Geduld, hier also Beharrungsvermögen. Dabei soziale und kommunikative Variabilität: Also keine Abgehobenheit und Entfernung vom Menschen - sondern buchstäbliche Nähe zu Mensch und Geschehen, die Akzeptanz des Menschlichen und umfassendes Verständnis wie umfassende Fähigkeiten. Es braucht Generalisten mit Fachgebiet und einem guten Stab, also ein kompetentes Ministerium und Spezialisten in den Referaten. Ein wenig Utopie ist dies schon.

Zugegeben, eben beschriebenes könnte auch in der Stellenausschreibung für einen guten Unternehmensleiter stehen. Aber anders als in einem Wirtschaftsbetrieb ist das Zielsystem des Staates sozial geprägt – und nicht gewinnorientiert – auch wenn die sinnhaftige Ökologie zunehmend auch in der privaten Wirtschaft verstanden wird – gerade dann, wenn sie sich rechnet.

Doch Wirtschaftspolitik ist Aufgabe eben des Staates, in dem er die Rahmenbedingungen für Prosperität setzt. Betriebswirtschaft ist eine Lehre.

Wenn sich der gewogene Leser nun fragt, was den Charakter ausmache, kann ich nur wiederholen: Er muss gut sein, also die Handlungen von Liebe getragen, hier zum Land und Volk – und dem Leben im weitesten Sinne zuträglich sein.

Ein Politiker muss seine Handlungen in diesem Lichte rechtfertigen können, vor den Menschen in seinem Land – und vor sich selbst und schließlich vor Gott.

Das bedeutet er bedarf eines Gewissens – und dies geht nicht ohne Erfahrung.

Dieses bildet sich nicht ohne Weiteres – sondern ist vor allem Ergebnis der persönlichen Anlagen und der Persönlichkeitsentwicklung. Der Mensch muss seine Emotionen beherrschen können, sie also attribuieren, das heißt seine Erregung der korrekten Ursache zuschreiben können. Das ist Sache der Erziehung und Erfahrung gerade in der frühkindlichen Prägung und der Pubertät, aber auch im Allgemeinen.Der Politiker muss klar denken können, sich seine Kognitionen und Dispositionen bewusst sein oder bewusst werden, was als scharfsinnig bezeichnet werden kann. Er muß unterscheiden können, Argument und Person.

 Einfluss auf das Gewissen hat das Gesetz, was sich aus der Norm und der internalisierten Moral ergibt. Die menschliche Gesamtgenese, seine körperliche und psychische Gesundheit – sind für ein funktionierendes Gewissen erforderlich, denn es bildet sich aus zwei Komponenten – aus der individuellen Genetik und der menschlichen Sozialisation. Darum ist die individuelle Topik immanent – wie auch die der Umwelt – und des Umfeldes.Das Verhalten als Äußerung des Charakters auf der Basis und im Überprüfung durch das Gewissen ist nun einmal eine Funktion aus Umwelt und Persönlichkeitsvariablen(11). Dabei muss für den Politiker der Gleichklang von Denken, Fühlen und Handeln kontinuierlich und konsonant sowie erfahrbar bleiben, für ihn selbst - wie für sein Publikum.

Grundsätzlich ist im Sinne der Sachpolitik das Denken dem Handeln vorgeschaltet. Aber es ist auch eine Binsenweisheit, das die Emotion der Kognition voraus geht. Deswegen ist die Attribution so wichtig, nicht nur für den politisch Handelnden. Die attributierte Emotion ist das Gefühl – also die Intuition aus dem Bauch – die vom Verstand realisiert wird.

## VII. Bewegung

Politik ist die Operationalisierung der Idee im Lichte des Machbaren - Politik will etwas bewegen – und der Politiker soll im Sinne seiner Begeisterung für seinen Beruf bewegt sein – durch sein Gefühl und seine Emotion(12) wie beschrieben – das Gefühl ist kein

Affekt. Affektion ist Aufwallung. Gefühl weiß warum – und die Motivation(13) ist vor allem eine tonische Erregung, eine grundsätzliche Begeisterung, eine Freude an der Sache – Spaß an der Arbeit – bis zum Flow.

Dabei motiviert die Liebe (auch der Eros) zu einer Person und Sache wohl am meisten dann, wenn sie erwidert wird, d.h. - der Politiker kann sich dem Rückhalt seiner Partei und des Bürgers sicher sein. Ein Politiker darf sich nicht fürchten, es sei den vor Gott.

Ohne Angst von Tod (Thanatos) und Teufel(14), vor Belzebub oder dem politischen Gegner ist seine Aufgabe motivierend und positiv einnehmend zu sein.

Hat er mit Schicksalsschlägen zu tun, mit Wahlniederlagen oder mit Katastrophen darf er sein Gefühl und Mitgefühl zeigen ohne sich von der Trauer übermannt zu sein. Natürlich muss er sich schämen, wenn er fehlt. Aber es ist wichtig auch Niederlagen zu verarbeiten, indem man sie sich und anderen eigesteht – ohne die gute Absicht zu verlieren.

Der Politik darf den Kontakt mit dem Unreinen, Unsauberen oder Korrupten nicht scheuen, sei es – um es zu erkennen und seine Position klar zu machen. Abscheu und Ekel müssen unmerkbar bleiben. Seinen Zorn und seine Wut muss er beherrschen – darf sich freuen, aber nicht zu ausgelassen, er darf nicht rumkaspern – muss sich redlich sorgen und interessiert sein, nicht überrascht - werden und wirken - von Neuigkeiten. Ehrlich muss er sein und bleiben – gesunde Skepsis darf er behalten – nicht blindes Vertrauen oder naives Glauben sollte seine Handlung bestimmen. Er muss seine Erwartungen äußern und sie nicht zu hoch schrauben – um Enttäuschungen zu vermeiden. Er darf visionär sein, aber seine Ziele müssen realistisch bleiben – um verstanden werden zu können, damit er nicht als Traumtänzer oder unverbesserlicher Idealist gilt.Sachlich und ruhig darf seine Erscheinung und sein Auftreten überzeugen. Seine Urteilsfähigkeit und Entschlossenheit ist im Ausdruck seiner Persönlichkeit, seiner Sprache und Gestik zu finden.

## VIII. Gebotenes

Es ist wichtig, dass der Politiker sich offen moralisch verhält, nicht nur um Skandale zu vermeiden – sondern weil es im Ideal seine Überzeugung ist. Wie geschrieben, Fehltritte darf er bereuen – vorher bedenken, was das Ergebnis einer Lüge ist. Er darf die Fehler machen, aber er muss sie bekennen, darf nicht täuschen und vertuschen und sollte im Bemühen stehen, sich wahrhaft zu rehabilitieren. Ist er Christ – sollte er sich im Sinne des Dekalogs zu verhalten. Sei Liebesverständnis in diesem Sinne muss multiple sein – und er hat sich als Diener im Staat zu verstehen – und darf dies kommunizieren.

Nüchtern und asketisch mag er sein – mitfühlend und barmherzig, will sagen – er darf und muss Not lindern – siehe zum Beispiel in Flüchtlings- und Migrationsfragen.

Der Respekt vor dem Mensch als solchem sei dabei maßgeblich, die Akzeptanz der Eigenart und die Tolerierung der Andersartigkeit selbstverständlich. Das menschliche Antlitz darf sichtbar sein, weil die Wahrung des Lebens als Qualität des Menschlichen Maßgabe sein soll:

Dies bedeutet natürlich auch den Schutz des ungeborenen Lebens, der Frau und des Schwachen und Benachteiligten. Ja – der Politiker muss ritterlich sein, Wehrhaftigkeit einbezogen.

## IX. Gleichgewicht

Der Politiker muss ausgewogen und gerecht die ihm übertragene Macht ausüben – auf der Basis einer humanen Wertorientierung. Werte müssen ausgeglichen werden, d.h. vor allem auch, dass jede Arbeit ihren Wert hat und gerecht, der "Systemrelevanz" gemäß, entgolten werden muss. Dabei sei das System der gute Staat. Beschäftigung ist ein Recht – aber keine Pflicht, die der Mensch als Arbeitnehmer hat. Dies muss der Saat gewährleisten, dort, wo die Wirtschaft es nicht kann, nicht – wenn der Unternehmer es nur nicht will.

Dies bedeutet, der Staat, vertreten durch den Mandatsträger – muss die ökonomische Sicherheit, die finanzielle und auch soziale (Bildung, Kultur, Freizeit...) Sicherheit des Bürgers gewährleisten. Der Staat hat Sorge dafür zu tragen, das der Konsum maßvoll bleibt – in Sinne einer ökologisch-ökonomischen Homöostase - also Schonung der Ressourcen – der Umwelt wie des Menschen, dessen Leistungsfähigkeit beschränkt ist.

Die staatlich Fürsorge beinhaltet die psychisch-physiologische Gesundheit der Bürger. Steuern sind dazu ein Mittel. Die Besteuerung von Maschinen (Robotern) ist bedenkenswert, damit die Grundversorgung der Bevölkerung sicher gestellt werden kann (ggf. Grundeinkommen). Diese Forderung an Staat und den politisch Handelnden ergibt sich alleine aus einer christlich-liberalen aber auch aus der sozialen Grundorientierung. Dies garantiert nicht zuletzt den sozialen Frieden als Dividende für die Gesamtheit – auch der Wirtschaft.

Damit aber Prosperität möglich ist, hat die öffentliche Hand – also der Mandatsträger - dafür Sorge zu tragen, das die Infrastruktur – also die verkehrstechnischen, digitalen, energie- und sicherheits- wie ordnungspolitischen sowie gesundheitspolitischen – wie arbeitstechnischen und umweltpolitischen Voraussetzungen für ein ausgewogenes – d.h. schonenden Wirtschaften sicher zu stellen. Dazu muss außenpolitisch Friede herrschen – und Kooperation.

Es kommt aus der wissenschaftlichen Volkswirtschaft, dass gesellschaftliche Vollbeschäftigung – bei ausfüllender, anregender, gesunderhaltener Arbeit, und einer Inflation (2%), aber die gerade anhaltende auch monetär ausgleichende Wertschätzung der Arbeitskraft des Menschen ermöglicht werde.

Die ausgeglichene Außenhandelsbilanz, maßvolle Finanzpolitik (Staatsverschuldung) bei ausreichendem Vermögen (Rücklagen) und ein an den wirklichen Bedarf orientiertes Wachstum (BIP), kann zu erhöhten Steuereinnahmen führen – wie auch die jüngere Vergangenheit in Deutschland zeigt.

Es ist aber insgesamt nachhaltig vorzugehen, nicht nur in der Binnenwirtschaft, sondern es ist auf den ökologischen Bedürfnisausgleich global zu achten, weil z. B. Schieflagen im Export-Import und Umweltzerstörung zu erhöhten Kosten und zu internationalen Konflikten führen können. Der Konsum muss bedarfsorientiert werden.

Im Inneren hat Wohlstand und Nachhaltigkeit Zufriedenheit mit Staat und Gesellschaft zur Folge – und Identifikation – ist also gerade dann identitätsstiftend und fördert die Beteiligung, das Mitmachen und den gesellschaftlichen Zusammenhalt, wenn der soziale und ökonomische Ausgleich Hand in Hand geht mit dem ökologischen Schutz der Umwelt und der Lebensgrundlagen. Bildung und Kultur, Erholung und Freizeit sind einfacher in einem gesunden Umfeld, d.h. auch in einer intakten Umwelt, zu realisieren.

Das betriebswirtschaftlich Minimax-Prinzip ist dann ergänzt durch das volkswirtschaftliche homöostatische Prinzip.

Der Absatz richte sich also nach dem lebenserforderlichen Bedarf, Rohstoffe werden recycelt, die dispositive Abschöpfung richte sich nach einem gerechten Proporz – führt nicht zu einer maßlosen Finanzakkumulation in den Händen weniger. Geld sei Mittel zum guten Zwecke, den Menschen und sein Wohlergehen. Geld, dass nur angesammelt wird führt in eine Deflation dann, wenn das Kapital nicht rückfließt, bzw. nich sozial-politisch konzentriert für das Gemeinwesen eingesetzt wird – also nicht für eine freie im Gegensatz zu einer sozialen Marktwirtschaft verwendet wird.

Geld will nun einmal fließen (Taler Taler, du musst wandern...) und wird entwertet (Inflation), wenn es nicht über den Arbeitswert, d.h. Leistung der Arbeitskraft (bzw. des ersetzenden Roboters) bewertet wird, sondern wieder unreflektiert in die Produktion investiert wird. (Autos kaufen keine Autos; Henry Ford), denn dann wird ja zunächst der Preis was das Produkt entwertet und den Konsum anheizt.

D.h. - was über einen angemessenen Grenznutzen der Maschine hinaus geht, darf besteuert werden. Also, was mehr ist, als angemessener Deckungsbeitrag, ist Steuer zugunsten des Gemeinwesens. Angemessen ist der maßvolle Gewinn, der Risiken einkalkuliert, die Dividende des Aktienmarktes aber ist einzurechnen, die Finanztransaktion ebenso zu besteuern. Angemessen ist das, was einen Betrieb arbeiten lässt, ohne ihn oder die Arbeitskraft zu schädigen, was langfristig dem Unternehmen die Arbeitsgrundlage zu beraubt. Dies gilt im übrigen für den Staat ebenso:

Finanzakkumulation führt in die Entwertung. Die Angemessenheit richtet sich aber nach der menschlichen, durchschnittlichen Arbeitsleistung.

*Die Produktivität kann nicht maßlos steigen, sondern bedarf der angemessenen Bewertung über die Stückkosten, den Lohn des Arbeiters (der Maschine) – was dieser in einer Zeitspanne, in optimalen Bedingungen zu leisten im Stande ist. Ausgewogenheit ist auch hier das Ziel. Die Überproduktion führt schließlich zur bekannten Wegwerfgesellschaft, was weder Mensch und Produkt wertschätzt. Es ist in der Betriebswirtschaft bekannt, dass ein Heißlaufen der Wirtschaft, insbesondere der Produktion und des Konsums in aller Regel auf Kosten der Qualität – hier meine ich eben auch der Lebensqualität geht.*

*Die Produktivität (P) einer Unternehmung, die qualitativen Mehrwert erzeugt, berechnet sich aus der Arbeitsleistung (Al) einer menschlichen Arbeitskraft (a) pro Stunde bei mittleren Arbeitstempo (siehe Refa) – also Al/h - bewertet über den Output in dieser Zeit (t)* und den Preis p  relativ zu den Gesamtkosten jeweils pro Stück Gk.mit P= [Qutput/ Input] *p  => **Al/t * p = P(a)/Gk * Hs => X**  wobei die Steuerlast der Hebesatz (Hs) ist – damit wäre der Profit über die Arbeitskraft bestimmt. Insbesondere ist P(a)`=X*Eq. Produktivität kann nun auch in umfasserenden Kategorien der Lebensqualität als Wertmaßstab gefasst werden, gerade dann wenn die humane Empfindungsqualität **Eq** (Zufriedenheit) als Score mit einbezogen wird. Das Qualitätsmanagement ist demnach auf den Begriff des guten Maßstabes sowohl in der Lenkung eines Betriebes als auch im staatlichen Sinne – fiskalisch und gerade ökologisch, gobal fassbar. Immaterielle Werte sind aber nicht nur monetär sondern auch psychologisch – bis zur Individualebene zu fassen, was meint – Beteiligung und Teilnehmen ist auf der Basis eines nicht nur geldmäßigen (Grundeinkommen) – sondern durch durch humanen Anreiz (Freiheit als Ziel...) realisierbar. "Die Deutsche Revolution" von 1989 war also auch Ergebnis einer Herausbildung menschlicher Qualität sozialer Kommunikation in einem Repressiven System, dass es vernachlässigte den Bürgern zumindest das Gefühl der Identität mit dem Staat und der Fürsorge aller Qualitäten zu geben. Wer keinen Hunger hat, strebt nach Höherem. Dies ist ein Argument für ein gebundenes Grundeinkommen einerseits, aber leider auch oft für zehrende Beschäftigung in Sorge um das Alltägliche andererseits.

## X. Bedürfnis(15)

Schließlich lässt sich eine Ausgewogenheit, ein ökonomisch-ökologisches Gleichgewicht, das Zufriedenheit und Gerechtigkeit bewirkt und zu einem glückseligen Leben führen, nur erreichen, wenn man die Bedürfnisse der Menschen kennt, akzeptiert und befriedigt. Damit ist nicht die drängende Begierde und das ungezügelte Begehren gemeint, die nach buddhistische Lehre Ursache für alles Schlechte ist, denn sie mündet Geilheit nach .... in Habgier – und den Verlust an Realitätssinn.

Sinnvoll hingegen ist eine Form der privaten und unternehmerischen Autarkie, genügend von dem, was man zum Leben braucht – ohne auf Andere und Anderes zwingend angewiesen zu sein – eben nicht mehr als erforderlich, als dass, was glücklich machen könne.

In der heutigen Zeit der Interdependenzen, die durch das kapitalistische Wirtschaftssystem herbeigeführt wurde und wird – scheint autarkes Leben eine schwer zu verwirklichende Illusion. Die internationalen Interdependez ist aber friedensstiftend, Nationalökonomie nicht. Dennoch bedarf die friedliebende Staat ein Maß an Unabhängigkeit – ein Reservoir nicht als Wertdiktat, sondern als Sicherheit.

Das größte Glück der größten Zahl(16) zu erreichen, mag ein liberales Ziel sein - Glück und Liebe sind aber auch aggregierbare Zustände der Empfindungsqualität. Es ist also erforderlich nicht Begehren über das Maß der notwendigen Bedürfnisbefriedigung hinaus zu wecken.

Wir kennen die Bedürfnispyramide von Maslow (17), die vor allem die Hygienefaktoren, also Essen, Trinken, Wohnung, Gesundheit psychisch wie körperlich, Ruhe, Schlaf, Sexualität, Sozialkontakt und Beschäftigung als jenen Bedarf formuliert, der natürlich zur Daseinsvorsorge durch den Staat gehören müsste und auch international realisiert werden sollte – um Frieden zu sichern.

An der Spitze stehen Ideen, Freiheit und Glauben – transzendente und spirituelle Orientierung. Hierzu muss eben der Staat durch Teilhabe und Beteiligungsmöglichkeiten, Bildung im Sinne einer Chancengerechtigkeit und Kulturangebote fördern Rechnung tragen, auch bein Einzelnen, dem Individuum. Recht und Ordnung zu gewähren und Möglichkeiten zu eröffnen sind Garant von äußerer und innerer Sicherheit ist nun einmal hoheitlich – und führen im idealen Falle zu Identifikation.

Dazwischen stehen solche Güter und Ziele, die eher durch die Wirtschaft, das private Unternehmertum und

eigene Leistung durch das Individuum selbst realisiert werden kann, durch den Bürger in seinem Leistungswillen und seiner -möglichkeit.. Der Mensch definiert sein Selbst natürlich aus persönlicher Perspektive, aus den Kategorien seines Daseins, auch aus sogenannten humanen Selbstschutzkategorien: Selbstachtung ,Selbstversorgung, Sicherheit.
Prinzipiell und vorherrschend hat der Mensch drei Bedürfnisse – 1. Eben nach Schutz und Sicherheit, 2. Nach Geltung und Achtung (Selbstwertkonzept) – und nach 3. Erregung und Abwechslung.(18).
Diese Primärbedürfnisse sind zu einem großen Anteil evolutionär bedingt – und sollten nicht benutzt werden, um Gewinn zu erzielen; es wäre ein Missbrauch menschlicher Kondition. Sicherheit aber, spielt einer herausragende Rolle: Die Aussetzung der Wehrpflicht zum Beispiel aber führt zu einer Entkoppelung des Zusammenhang von Sicherheitsgewährung und Sicherheitsbedürfnis als Recht und Pflicht des Bürgers. Recht und Pflicht des Bürgers müssen durch diesen praktiziert werden, sei es durch ein soziales Pflichtjahr - als Dienst an Staat und Gesellschaft, am Nächsten. Das einzufordern ist kein Mißbrauch durch den Staat, sondern eine Forderung auf Gegenseitigkeit.
Militär aber kann sich verselbstständigen, wie wir auch in Drittweltstaaten erfahren haben, ein Kastenbewusstsein herausbilden und putschen. Dies mag manches mal angezeigt sein, wenn die militärischen Führer konstitionelles Bewusstsein haben, der politische Führer aber nicht. Machtmissbrauch und gesellschaftliche Entkoppelung von Exekutive vom Volk kann in Diktaturen führen.

Die Kontrolle der Regierung und des Militärs durch das Parlament ist sehr sinnvoll und hat sich bewährt. Ein Putsch ist aber auch immer in Deutschland denkbar – und wir wissen das radikale und extreme Kräfte vor allem von rechts paramilitärisch organisiert sind, z.B. in den USA – und das immer die Möglichkeit besteht, die Demokratie auszuhöhlen, sie lächerlich zu machen und ad absurdum zu führen, wie am Vorabend des III. Reiches geschehen, in einer Zeit, in der die Konstitution mit den eigenen Mitteln ausgehebelt wurde. Die Medienmacht spielte damals wie heute eine wichtige Rolle. Dennoch sind Putschgelüste Ausdruck gesamtstaatlichen Versagens, weil schlussendlich der Politiker seiner sozialen und humanistischen Pflicht nicht nachkommt.

Auch wenn Werbung und Kommunikation ziviler Natur sind, können gerade mittels der Medien Massen bewegt und Mehrheiten beschafft werden. Medien dürfen nicht nur durch Egoismen, durch diktatorische Staatsgewalt oder selbstsüchtigen Ökonomen und aus Marktgesichtspunkten geführt und gestaltet werden, sondern auch sie müssen der demokratischen Kontrolle unterliegen, nicht aber den Interessen eines politisch agierenden Medienmoguls. Nachrichtenmedien haben die Aufgabe Politik kritisch zu begleiten, nicht Meinung zu machen. Alle infrastrukturelle, staatliche und systemimmanente Einrichtungen, wie Bahn, Gesundheitssystem oder Bildung... dürfen nicht ausschließlich elitär oder privatwirtschaftlich organisiert werden, denn sie gehören zu den Hygienefaktoren einer staatlichen Systems, unserer Demokratie.
Es sind Politikfelder, die - wie andere öffentliche Angelegenheiten, nicht privatwirtschaftlichem Gewinn- und Machtstreben unterworfen werden dürfen. Der Erhalt der öffentlich-rechtlichen Rundfunks, also hierzulande von ARD und ZDF - ist für die Information der Bürger, für gewissenhaften (!) Journalismus zwingend erforderlich –*neben* den privaten Sendern und Medienanstalten, die mehr nach dem

ökonomischen Prinzip handeln, aber auch so gesehen werden müssen.

Der Bürger muss seine Freiheiten bei der Medienauswahl behalten und nutzen. Schädlich für die Meinungsvielfalt und den Pluralismus in unserem Staate sind Konzentrationsprozesse in und durch privatwirtschaftlichen geführte Wirtschaftsbetriebe, insbesondere bei den Medien. Aber auch im Gesundheitssystem zeichnen sich solche Entwicklungen schon ab.

Dies ist ebenso kritisch zu sehen – wie die Macht und der Einfluss der BIG-Data-Konzerne, etwa Amazon, Google, Microsoft...u.a.m., die sich die Fertigkeiten der Sozialtechnik auf neuen Wegen - zur Zeit nur zur Gewinnmaximierung - zu nutze machen.

Wehe aber sie kommen auf die Idee politisch in Sinne staatlicher Machtausübung zu agieren. Die Einführung digitaler Währungen einerseits oder die Abschaffung des Bargeldes andererseits sind Beispiele machtpolitischer Interessen privater Motivation. Der gläserne Bürger ist keine Phantasie von Sience-Fiction Autoren.
Die Staatsgewalt(19) geht vom Volke aus – nicht von Machtcliquen - und Werbung ist durch den durch Sie erzeugten Nachfragedruck - der Bedürfnisweckung, in der Lage Meinung zu machen, Bewusstsein zu bilden und Affekte zu initiieren und zu steuern. Hier setzt Werbung Themen, Interessen, markiert und wirkt auch Meinungsbildend, ist also hoch politisch.
Clique darf sich die Sozialtechnik nicht nur nicht zum Zwecke des Machterwerbs – und Ausbaus des Einflusses auf die Zivilgesellschaft zu Nutze machen, um mittels Information zu manipulieren.

Machtinteressen dürfen nicht Staatsinteressen leiten, meint – nicht die Lobby entscheidet – sondern der Souverän.

Der Bürger muss sich bewusst sein, das es solche Entwicklungen gibt, zum Teil eben systemisch durch den Markt, andererseits aus privatem Interesse. Auch muss der Bürger wissen wie Sozialtechniken wirken. Das ist ein öffentlicher Bildungsauftrag.

Medien zu regulieren, wie den Finanzmarkt oder die Privatwirtschaft, ist angezeigt – durch eine Medienkontrollbehörde – nicht nur durch freiwillige Selbstkontrolle.

 Soziale Markwirtschaft ist im Rahmen der Freiheitsqualitäten des Bürgers mehr denn je Auftrag der politischen Akteure mit demokratischer Gesinnung. Wirtschaften diene nicht zu Anhäufung von Kapital, das im Eigeninteresse – vielleicht sogar im politischen Machtinteresse, verwenden wird. Geld sei immer Mittel zum guten Zweck, für das Glück aller.

**XI. Konklusion**: *Es ist im Großen wie im Kleinen*
Die Krisen der letzten Jahre kristallisierten die Persönlichkeitsmerkale des Politikers heraus.

Der eine machte bei Blackstone Geld, der bzw. die andere versuchte die Bewältigung der außerordentlichen Herausforderungen. Das Motiv bleibt entscheidend, muss aber klar und deutlich im Handeln hervortreten.

Dabei ist Angela Merkel der Zusammenklang von Prinzip und Pragmatismus gelungen, in einer Zeit – in der im Osten Europas wieder diktatorische und restriktive Politik betrieben wurde und wird. Im Westen herrschte Tollkühnheit, Populismus und Wahnwitz, der seinen Einfluss auf Deutschland geltend machte.

In dieser Zeit bot Frau Merkel einen sicheren Anker für ihr Vaterland und in Europa. Hier der Hasadeur – dort der Potentat – und dazwischen Frau Merkel.

Die Vor – und Leitbildfunktion eines Politikers ist nicht zu unterschätzen. Frau Merkel hat ruhig und besonnen, in der Finanzkrise schnell und mutig - gehandelt – mit der Unterstützung der Europäischen Zentralbank unter Führung von Herren Trichet und Drahgi.
Doch die Meinungsführerschaft, der politischen Führer lässt zu wünschen übrig, dort – wo Medienschaffende – und ich meine hier vor allem auch Filmemacher und Musiker, Künstler ohnehin - heute auch die Influencer der schönen neuen Medienwelt, die Gedankenwelt unserer Jugend zunehmend mit bestimmen.

Ein Lichtblick sind da die Aktivisten des "Friday for Future" - allen voran Greta Thunberg. Sie zeigen und beweisen doch politisches Interesse, wenn auch getrieben aus Existenzangst. Es ist eben Mut und nicht Angst, die ein Politiker haben muss. Mut zu unpopulären Entscheidungen, wie es Angela Merkel in der Flüchtlingskrise bewiesen hat, in globaler Verantwortung.

Aber die Fluchtbewegungen des 21. Jahrhundert sind hausgemacht – durch die Überschuldung der 3. Welt, durch Hunger und Krieg, durch den von den Industriestaaten und China, von Schwellenländern – wie Brasilien, verursachte und nicht aufgehaltenen Klimawandel, durch die Duldung *globaler Armut.*

Hier schließ sich der Kreis. Die Bekämpfung von Armut und die Gestaltung hinreichender Lebensbedingungen in allen Teilen der Welt, stoppen des ungezügelten, weltweiten Bevölkerungswachstums... – alles ist TOP auf der Agenda der nächsten Bundeskanzler.

Kampf gegen Armut im Inneren wie im Äußeren – und die angleichende Gestaltung würdiger

Lebensbedingungen und Lebenschancen sind weltweite Aufgaben, *die priorosiert im Inland* realisiert werden müssen.

Das was sich im Kleinen abbildet, Mangel an Wohnraum, Arbeit, Sozialkontakt und gerechte Bezahlung – hat seine Ursache und Strahlkraft oft in der Politik der Landes- und Bundesebene. Also national und supra-national – vice versa.
Das es weniger gute Politiker gibt, die sich den wachsenden Herausforderungen und Ansprüchen an Amt und Leistung stellen wollen, hat wiederum seine Ursache in der Ermangelung qualifizierten Nachwuchses, der Politik als Beruf begreift und nicht als Karrierechance.

Frau Merkel hat den Forderungen Max Webers – vor allem Verantwortungsbewusstsein in einem globalen Kontext mit Fokus auf Deutschland, mit Augenmaß aber auch Weitblick Rechnung getragen, z.B. in der Flüchtlings- besser Einwanderungspolitik, denn Deutschland braucht Zuwanderung - vor allem aber qualifiziert.

Angela Merkels Leidenschaft war kontrolliert.

In der realen Politik klaffen Anspruch und Wirklichkeit zuweilen doch weit auseinander, weniger in der Rhetorik – als schließlich in der Handlung.

Der Anspruch an den Politiker durch den Bürger und durch die Sache ist hoch. Mag Politik und das Ziel der Sittlichkeit und eines „guten Staates" nicht aus den Augen verlieren, und der Handelnde wie der Bürger, der Akteur wie der Passive, dem Anderen in seinem sozialen Umfeld das zubilligen, was er für sich selbst in Anspruch nimmt, Fehlleistungen inklusive.

Bürger und politischer Akteur sollten schlussendlich bei allem den Kategorischen Imperativ Immanuel Kants(20) bedenken, dass die die Maxime der eigenen Handlung stets auch ein allgemeines Gesetz werden könne – und darüber hinaus alles in dem Lichte geschehe, dass nichts was sie tun derart wäre, dass es ihnen nicht selber widerfahren können möge.

Äußerer Zwang ist dort angebracht, wo die grundsätzlichen Werte des Menschlichen ebenso grundsätzlich in Frage gestellt werden.


-kpg-23-09-2021 - durchgesehen und ergänzt am 15.09.2021/29.09,2021
- für Tippfehler bitte ich um Entschuldigung.

**-dieser Text erhebt keinen wissenschaftlichen Anspruch!!!**

## XII. Anmerkungen

(1) Siehe Kompendium der Soziallehre der Kirche, Herder, Freiburg, 2004. - wie die katholische Soziallehren überhaupt.

(2) Siehe zum christlich-katholischen Glauben die Kateschismen

(3) In der "Heiligen Schrift" an verschiedenen Orten und unterschiedlicher Zählweise: Die Heilige Schrift des Alten und des Neuen Testamentes, Pattloch, 3. Aufl. 1957: Exodus 20,1-11. S. 108f.

(4) Schon früh haben sich Philosophen mit den Fragen gerechten Handelns beschäftigt. Siehe: Die Vorsokratiker, Von Thales bis Demokrit. Anakonda, Köln 2016.

(5) Siehe das Völkerrecht und die Erklärung der Menschenrechte sowie deren Ergänzungen, UNO, New York, 1948 sowie kritisch zum autonomen Recht des Menschen aus der Natur und der Vernunft, dem Recht auf Selbstbestimmung: Lahusen, B.: Alles Recht geht vom Volksgeist aus. Friederich Carl von Savigny und die moderne Rechtswissenschaft. Nicola, Berlin, 2013. S. 31ff.
 (6) Zu den Grundlagen der Sittlichkeit – und den Aufgabenfeldern des Politiker siehe insbesondere Aristoteles: Politik, Suavis, Essen, 2017 und auch Platon: Der Staat, Anaconda, 2020.

(7) Die Frage was gerecht und gut sei behandelt und was einen guten Menschen ausmache behandelt am Beispiel Sokrates Martens, E.: Die Sache Sokrates. Reclam, Stuttgart, 1992.

(8) Siehe zu den Tugenden insbesondere Aristoteles: Die Nikomanische Ethik, dtv, Klassik, Beck, Nördlingen, 1972.

(9) Cicero (Scipio) argumentiert in "Über den Staat" für eine Mischform des Staates, als die beste Form, in der Monarchie demokratische und elitäre Elemente vereint sind. D.h. also, das es einen liebenden, väterlichen und sich um das Volk sorgenden Herren gäbe, der von einer gebildeten und finanzstarken "Kaste" gestützt werde, die sich pro Staat und Volk verhalte und in dem das Volke durch einen Senat oder/und Parlament repräsentiert sei. Wohl sieht auch er die Gefahr der Tyrannei, die sich hieraus entwickeln könne, oder der einfachen Kastenherrschaft − in der die Reichen willkürlich sich bereichern zu schaden des Volkes. Er betont aber die Stabilität und Wohlfahrt, die ein gerechter Potentat und fürsorgende Oligarchen für Volk und Staat bringen können. Es bedarf eben des guten Willens und der Herkunft der Potentaten aus dem Volk − keiner Fremdherrschaft. So mag in diesem Sinne der Herr ein Philosoph, die Kaste Wächter sein, die militärisch und Strategisch geschult wären - und das Volk − aus Bauern, Handwerkern, Händlern und Unternehmer gebildet werden − siehe dazu auch Platons Verfassungsmodell a.a.O. ... aber insbesondere Cicero, M.T.:: Über den Staat, Reclam, Stuttgart, 1956 − S 79ff.

(10) Siehe Weber, M.: Politik als Beruf. Reclam, Ditzingen, 1992

(11) Siehe zu Umweltvariabel insbesondere auch Kroeber-Riel, Werner.; Weinberg, P.: Konsumentenverhalten, 7.Aufl. Vahlen, 1998, S, 409ff. : $V=f(U;P)$ : Verhalten ist eine Funktion aus Umwelt und Persönlichkeitsvariablen.

(12) Siehe zur Emotionspsychologie Izard, C.E.: Die Emotionen des Menschen. Eine Einführung in die Emotionspsychologie, 3.Aufl. Beltz, 1994.
 (13) Siehe zur Motivationspsychologie, Weiner, B.: Motivationspsychologie. 3. Aufl. Beltz, 1994

(14) Der Teufel oder Belzebub ist hier verstanden als das leibhaftige Nichts und der Belzebub als Gegenspieler des Lebens und der Liebe – der Wille zur Verdinglichung der Welt – des Weltengeistes. Der Tod hingegen ist Vollendung und Übergang des Lebens.

(15) Siehe zu dem menschlichen Konditionen und Beeinflussbarkeit insgesamt Herkner, W.: Sozialpsychologie, 5. Aufl. Huber, Bern, 1991. Insb. S. 248f.,S. 316, S., 248ff.

(16) Das größte Glück der größten Zahl ist eine Theorie des liberalen Utiliaterrismus. Der Mensch handele nach dem Nutzenprinzip – und was den größten Nutzen habe – führe zum eben größten Glück. Dies beinhaltet die Forderung nach Gleichberechtigung, verstanden als gleiche Berücksichtigung des Glückes bei der Bewertung der Handlungsfolgen: Nützlichkeitsprinzip. Siehe Bentham, J.: A System of of Moral Philosophy, 1775?, sowie ders.: Introduction to the Principels of Morals and Legislation, 1789. Siehe auch die Werke von John Stuart Mill insbesondere: Principels of Political Economy, 1857 – sowie On Liberty, 1859.

Bem.: Es ist aber fraglich, ob gerade dadurch nicht schwächere der Gesellschaft unglücklich bleiben müssen, da sie weniger Leistungsfähig sind und ihre Interessen weniger geltend machen können – den Nutzen also für die Reichen zwar mehren, selbst nun nichts davon haben. Glück zudem entsteht meine Auffassung nach gerade aber als Spin-Off der guten Tat, die nicht aus dem Eigennutz motiviert ist.

(17) Siehe Maslow, A. H.: Motivation and Personality, New York, 1954

(18) Siehe Schreier Ch., Held, D. : Wie Werbung wirkt. Erkenntnisse des Neuromarketing., 2. Aufl., Haufe, 2012. S.105ff.

(19) Siehe wie oben zum autonomen Recht des Volkes aus der Natur und der Vernunft, dem Recht auf Selbstbestimmung: Kritisch dazu Lahusen, B.: Alles Recht geht vom Volksgeist aus. Friederich Carl von Savigny und die moderne Rechtswissenschaft. Nicola, Berlin, 2013. S. 31ff.

(20) siehe Kant, I.: Werke in zehn Bänden Wilhelm Weischedel. Sonderausgabe Wissenschaftliche Buchgesellschaft, Darmstadt wbg, 1983. Hier .insbesondere Bd.6. Schriften zur Ethik und Religionsphilosophie. Erster Teil. Grundlegung der Metaphysik der Sitten. S.11ff., S.61f, S.67. Kant fordert den Willen zum Guten, aus Einsicht nicht aus Zwang. Grundlage und Konsequenz dessen ist die Freiheit im Denken und Handeln., Kant postuliert eine Moral, die den Mensch als Zweck sieht – nicht als Mittel. Diese Moral ist tanszendent orientiert, respektiert die Würde des Menschen und des Lebens in jeder Kreatürlichkeit.

<u>XIII. Thesen:</u>

**Hauptthese :**Als Gut kann gelten, was dem Leben als zuträglich bezeichnet werden kann.

Folgethesen: **a. Nur der reflektierende Mensch ist frei.** Frei in seinen Handlungen, dem zuerst das Gefühl als bewusste evolutionär bedingte Emotion (attribuiere Erregung/Emotion) und dann Das Denken vorausgeht – und Gott hat es offensichtlich so gewollt und der Mensch ist oft nur unwillkürliches Werkzeug dessen.

**b. Der Weg zum gute Leben ist die vernuftbestimmte Liebe.**

**c. Die Offenbarung der "Wahrheit" ist dem Schutze des Lebens unterworfen.**

**d. Es mag als Sittlich gelten, was dem Leben wahrhaftig zuträglich aus Liebe getan wird.**

**e. *Humane Qualitäten sind bildbar.*** *Neben Teilhabe und Beteiligung gehören Umgang und Form zum Anstand, zum Respekt und zur Achtung der Menschenrechte im Kleinen wie im Großen.*

*f. **Die Achtung de klassischen primären und sekundären Tugenden führen zu eine guten Leben:** Klugheit, Gerechtigkeit, Tapferkeit, Maß. Dabei ist Selbstbeherrschung und Selbstkontrolle in Akzeptanz der eigenen menschlichen Schwächen erforderlich.*

*g. **Die Handlung gegen die Schöpfung** – der Natur – **ist selbstschädlich. D. h.: Der menschliche Charakter ist durch*** *sein Gewissen geprägt*, das die Reflektion der Handlungen ausmacht.

*h. Das Gewissen bildet sich aus:*

*Genetik: das durch die Evolution ererbte Wissen*

*Genese: Die Entwicklunge und Erziehung (Sozialisation)*

*Gefühl: die attributierte Emotion*

*Gesetz: die internalisierte Moral*

*Gedanken: die handlungsrelevante Abwägung durch das Denken*

*k. **Glück ist eine Empfindungsqualität.*** Für das Glück relevant ist das Gefühl in Homöostase zu leben (also im Einklang mit der Schöpfung): Das Geben und Nehmen muss das Gleichgewicht erhalten von Möglichkeit und Anspruch. Insbesondere der arbeitende Mensch bedarf der Ausgewogenheit zwischen Anforderung und Leistungsfähigkeit – und der Wertbeimessung hieraus: Dreiklang von Anspruch, Wirklichkeit und Möglichem.

*l.* **Bürger und politischer Akteur sollten schlussendlich bei allem den Kategorischen Imperativ Immanuel Kants(20) bedenken**, dass die die Maxime der eigenen Handlung stets auch ein allgemeines Gesetz werden könne – und das darüber hinaus alles in dem Lichte geschehe, dass nichts was sie tun derart wäre, dass es ihnen nicht selber widerfahren können möge.

m. **Freiheit ist schließlich** ebenso die **Empfindungsqulität** ohne Zwang nach eigenen Maßstäben handeln zu können.

53

n. **Die Handlungen haben ihre Grenze in dem Leben schädlichen.** Äußerer Zwang ist dort angebracht, wo die grundsätzlichen Werte des Menschlichen ebenso grundsätzlich in Frage gestellt werden.

o. **Alles geschehe in dem Lichte, dass nichts was der  Mensch tut derart wäre, dass es ihnen nicht selber widerfahren können möge.**

p. Die kardinalen Tugenden der Gerechtigkeit, Klug- (weiss)-heit, Tapferkeit und Mäßigung sind ergänzt: Glaube, Hoffnung und Liebe.

<u>XIV. Literaturempfehlung</u>

>Aristoteles: Politik, Suavis, Essen, 2017.

>Aristoteles: Die Nikomanische Ethik, dtv, Klassik, Beck, Nördlingen, 1972.

>Bentham, J.: A System of of Moral Philosophy, 1775?, sowie ders.: Introduction to the Principels of Morals and Legislation, 1789.

>Cicero, M.T.: Über den Staat, Reclam, Stuttgart, 1956.

>Esch, F.-R: **Markenführung**, Vahlen, München, 2005.

>**Felser, W.**: Werbe und Konsumentenpsychologie, Spectrum, Berlin, 2007.

>Hackenmann, M.: Die Vorsokratiker, Von Thales bis Demokrit. Anakonda, Köln 2016.

>"Heiligen Schrift" an verschiedenen Orten und unterschiedlicher Zählweise: Die Heilige Schrift des Alten und des >Neuen Testamentes, Pattloch, 3. Aufl. 1957.

>Herkner, W.: Sozialpsychologie, 5. Aufl. Huber, Bern, 1991.

>Izard, C.E.: Die Emotionen des Menschen. Eine Einführung in die Emotionspsychologie, 3.Aufl. Beltz, 1994.

>Kant, I.: Werke in zehn Bänden Wilhelm Weischedel. Sonderausgabe Wissenschaftliche Buchgesellschaft, Darmstadt wbg, 1983.

>Kompendium der Soziallehre der Kirche, Herder, Freiburg, 2004.

>Kroeber-Riel, W., Esch, F.R.: **Srategie und Technik der Werbung,** 6. Aufl. Kohlhammer, Stuttgart, 2004.

>Kroeber-Riel , W. Gröppel-Klein, A. **Konsumentenverhalten,** Vahlen, 2013.

>Kroeber-Riel, Werner.; Weinberg, P.: Konsumentenverhalten, 7.Aufl. Vahlen, 1998.

>Lahusen, B.: Alles Recht geht vom Volksgeist aus. Friederich Carl von Savigny und die moderne Rechtswissenschaft. Nicola, Berlin, 2013. S. 31ff.

< Mankiw, G., Taylor M.P,: Grundzüge der Volkswirtschaftslehre, 8. Aufl. Schäffer-

Poeschel, Stuttgart, 2021.

>Martens, E.: Die Sache Sokrates. Reclam, Stuttgart, 1992.

>Maslow, A. H.: Motivation and Personality, New York, 1954

>Mill, J.S.:Principels of Political Economy, 1857 – sowie On Liberty, 1859.

>Platon: Der Staat, Anaconda, 2020.

>Renker, C.: Marketing im Mittelstand, 3. Aufl. Schmidt, 2009

>Schreier Ch., Held, D. : Wie Werbung wirkt. Erkenntnisse des Neuromarketing.,
2. Aufl., Haufe, 2012.

>Thaler, M.: Moralische Politik oder politische Moral. Campus, Frankfurt/Main.
1983.

> Urselmann, M.: Fundraising. Professionelle Mittelbeschaffung für
gemeinwohlorientierte Organisationen. 7. Aufl.Springer/Gabler, Köln/Wiebaden, 2018.

>Weber, M.: Politik als Beruf. Reclam, Ditzingen, 1992

>Weiner, B.: Motivationspsychologie. 3. Aufl. Beltz, 1994

> Wöhe, G. : Einführung in die Allgemeine Betriebswirtschaftslehre, Vahlen, München,
27. Aufl., 2020

## **Notizen:**